LE PARLER DE L'HÉRAULT

Edmonde FAUCON

LE PARLER DE L'HÉRAULT

NIMES
C. LACOUR - ÉDITEUR
25, bd Amiral-Courbet - Place des Carmes

Collection COLPORTEUR

1994

Tous les mots qui suivent sont écrits phonétiquement, car si je sais les nommer, j'en ignore l'orthographe !

Je les ai entendus de la bouche de ma grand-mère, Montpelliéraine de vieille souche, née à Celleneuve, faubourg de Montpellier, en plein Clapas.

A ma grand-mère

A

Amaïdit – (prononcer le t). Qui est toujours dans les jupons de sa mère.

Arboulisaïre – Qui n'est pas adroit dans son travail.

Arpatétchaïre – Qui traîne en longueur ce qu'il fait.

B

Ballat – (prononcer le t). Fossé bordant les vignes.

Banaste – Corbeille en vannerie ; ou imbécile.

Banut – (prononcer le t). Qui a des cornes. *Tchot banut :* cocu.

Banétcher – Se dit de l'escargot qui sort ses cornes.

Barounler – Etre toujours à droite ou à gauche ; un *barounleur* est celui qui est toujours par monts et par vaux.

Béléou – Peut-être.

Bergougne – Un *bergougnous* (prononcer le s) est un timide.

Blagaïre – Homme ou femme très bavard et souvent affabulateur.

Bougnette – Tache sur un vêtement.

Bouléguer – Remuer. *Boulègue !* Au loto, veut dire secoue les numéros.

Boulégaïre – Qui ne peut pas rester en place et remue beaucoup.

Boutel – Grappillon de raisin.

Bouzigue – Maille mal tricotée faisant un défaut.

Braillette – Braguette.

Brasucade – Braise à point pour cuire la saucisse ou les côtelettes.

Buffer – Souffler sur le feu ou être essoufflé.

Bugne – Coup reçu. J'ai pris une *bugne* ou mon auto s'est prise une *bugne*.

Bugade – La lessive.

C

Cabourd – Un peu fou, casse-cou.

Cabucelle – Couvercle de marmite.

Caffi – Rempli. Mon chien est *caffi* de tiques !

Cagaraoule – Escargot.

Cagarolade – Plat d'escargots.

Cagatou – Lieu d'aisance (au fond du jardin !).

Cagnard – Plein soleil.

Caluc – Comme cabourd.

Camardou – Se dit d'un bébé qui a un petit nez épaté.

Capélan – Curé.

Caramantras – Personne exubérante.

Chichoumeille – Plat peu appétissant, mal préparé.

Closque – Tête. D'un garçon têtu, on dit : quel *closque* !

Colle – Ensemble des vendangeurs d'un même propriétaire.

Couffle-bougre – Gâteau ou aliment lourd à l'estomac.

Couffler – Gonfler (avec tes histoires, tu me *couffles*).

Cougner – Faire le lit en bordant les couvertures.

Cougourle – Se dit d'une fille pas dégourdie.

Coupaïre – Celui qui coupait le raisin.

Coupet – Nuque. Ma grand-mère disait : J'ai froid au *coupet* (prononcer le t), je vais mettre ma pélerine (petit châle tricoté au crochet).

Couretchous – Lacets de soulier.

Cousaoude – Serpillière.

D

Dagalis – De travers. Cet ivrogne marche *dagalis* ! Cette allée a été tracée *dagalis*.

Décarcasser (se) – Se démener pour mener une chose à bien.

Dérafir – Repasser un tissu froissé.

Désacotaïre – Qui mange de bon appétit. Ces *désacotaïres* ont fini tout le gigot !

Digueus – Personne. Y a pas *digueus* !

E

Embugner – Cabosser quelque chose. J'ai *embugné* ma voiture !

Embuguer – Mettre de l'eau sur le dessus des tonneaux pour faire gonfler le bois afin qu'ils n'aient pas de fuites.

Empégat (prononcer le t) – Plein de « pègue » ou très maladroit.

Encastre – Objet encombrant, personne gênante.

Encibade – Herbe pour les lapins.

Engriole – Lézard ou personne maigre.

Escaouceler – Dégager les pieds de vignes.

Escaner (s') – Avaler de travers.

Escamper – Jeter.

Escoube – Balais.

Escoubilles – Saletés à balayer.

Escoubillaïre – Qui ramasse les *escoubilles*.

Esgraoufignat (prononcer le t) – Egratigné.

Espanter (s') – S'étonner.

Estamaïre – Homme qui bouchait les trous dans les casseroles ou les cuviers de zinc, avec de l'étain.

Estrasser (s) – Rire aux éclats.

F

Farigoule – Thym.

Fatch de con ! – Juron.

Fenestrou – Petite fenêtre.

Fioc (lou) – Le feu.

Fouidous (prononcer le s) – **Pas très** propre, pas net.

Fristi – Nourriture, ragoût.

G

Gounlamas – Personne peu soigneuse.

I

Imprégnadé – Enceinte. Se dit aussi d'une personne peu dégourdie.

L

Ladre – Qui ne sent ou ne ressent rien.

M

Macarel ! – Juron.

Moine – Chauffe-lit en cuivre rempli de braise que l'on promenait sur les draps l'hiver avant de se coucher.

O

Ountcher – Mettre beaucoup d'huile.

Ountchet – Tache de gras sur un vêtement.

P

Panouille – Gros ventre.

Pastoul – Chose pâteuse, peu digeste.

Parpeléger – Ciller, remuer les paupières.

Patti-couffi – Racontar de femme bavarde (et patati et patata !).

Patafiole – Menace peu précise : si tu ne me laisses pas tranquille, je te *patafiole !*

Patoufière – Qui se plaît à dire des ragots.

Patraque – En mauvaise forme, fatigué.

Pégoumas – Chose collante ou en trop grande quantité : quel *pégoumas* de couleurs sur ce tableau !

Pégous – Qui colle : j'ai les doigts tout pégous de confiture !

Pègue – Qui poisse ou qui donne la poisse : je suis dans la *pègue* ! (j'ai des ennuis).

Peillarot – Chiffonnier, marchand de peau de lapin.

Pétadou – Crottes de lapin à l'entrée d'un terrier. Signale la présence d'un lapin ou d'un lièvre.

Pétole – Petite crotte de lapin ou de chèvre.

Pézoul – Pou.

Pézoul rebingut – Personne arriviste qui "s'en croit".

Poudaïre – Homme qui coupe les sarments de vigne, ce qui se fait l'hiver. Aussi dit-on d'un homme qui se couvre trop : Es habillat comme un *poudaïre* !

Poulidette – Joliette, mignonne.

Pussuguer – Pincer, faire un “bleu”.

Q

Quéquou – Genre de récipient en terre poreuse, que l'on faisait rafraîchir... au soleil et que l'on se passait entre vendangeurs pour boire à la "régalade".

Quicher – Serrer fort. *Quicher* un fruit pour en extraire le jus. *Quicher* une personne en l'embrassant. "Viens que je te *quiche*".

Quiquidille – Chose sans valeur.

Quissou – Ver de bois, personne qui se ronge les sangs pour un rien Se *quissouner* : se faire du souci pour rien.

R

Rabaladis – Remue-ménage à l'occasion d'une fête, par exemple.

Rabiné – Brûlé, noirci : mon rôti est *rabiné* !

Raougnous – Qui a la gale ou la pelade.

Rastagagne – Saletés amenées par les eaux lors d'inondations.

Ratapénade – Chauve-souris, enfant malingre, chétif.

Récantou – Petit coin. Le soleil chauffe ce petit *récantou*.

Récate – Ce que l'on va manger : je fais mon *récate* pour midi !

Récater – Ranger ses affaires (Je *récate* mes vêtements).

Régouler – Etre trempé (Je *régoule* de sueur).

Rémoulaïre – Aiguiseur de couteaux, de ciseaux.

Répoutégaïre – Qui ronchonne sans arrêt.

Rougne – Maladie de la peau : il a la *rougne* !

Rousiguer – Ronger un os auquel il reste de la viande.

Rouspétaïre – Qui critique tout.

Rouste – Volée de coups.

S

Sabraque – Maladroit : tu travailles comme une *sabraque*.

Semaillets – Paire de longues perches de bois que l'on glissait sous les poignées de la comporte (*"sémaou"*).

Semaou – Récipient de bois fait de lattes, cerclé de fer, comme les tonneaux, muni de deux poignées et dans lequel on vide les seaux pleins de raisins.

Serpette – Petite serpe très affûtée avec laquelle on coupait le raisin, avant l'emploi des sécateurs.

Siblaïre – Siffleur.

T

Taban merdancier – Mouche d'âne, personne qui se mêle de tout.

Taillou – Morceau de viande d'un ragoût.

Tarnagas – Enfant turbulent.

Tastaïre – Qui goûte tout.

Taste – Petit morceau que l'on donne à goûter. Les « baladeuses » (marchandes de fruits et légumes sur le marché) criaient en proposant un petit bout de melon, par exemple : « *A la taste ! A la taste !* »

Tchot (prononcer le t) – Garçon pas dégourdi, naïf.

Tiber – Tendre à l'extrême. *Tiber* les draps pour ne pas avoir à les repasser.

Ticouse – Pointilleuse à l'extrême. Pleine de tics.

Trouiller – Ecraser le raisin avec les pieds. Se dit aussi lorsqu'une personne ne sachant pas bien danser, écrase les pieds de sa ou son partenaire.

Trouillaïre – celui qui “trouillait”.

QUELQUES EXPRESSIONS

M'as couillounat quand t'aï bis

(Tu me couillonnes quand je te vois)
Je ne crois pas à ce que tu dis.

Tira la car daou toupi

(Tire la viande de la marmite)

Se dit d'une personne qui a les ongles trop longs.

Quant à croux (prononcer le x)

(Quelle croix !)

Quelle personne pénible et sotte !

Es un tchot banut

(C'est un imbécile qui a des cornes)

Un cocu.

Boulègue et montalou !

(Remue et monte-le)
Se dit au loto pour inciter celui qui tire les numéros à remuer le sac contenant ces numéros

Pécaïre és mort

Formule égoïste de celui qui refuse d'aider son prochain (je ne plains personne).

Chaque toupie trouve sa cabucelle

Chaque personne trouve la personne qui la complète.

Cagaras pas jamaïs d'in un pot d'or

Tu ne chieras jamais dans un pot en or. Se dit d'une personne dépensière.

L'as pagat lou capéou !

Se dit d'une personne qui a un chapeau trop original ou qui ne lui va pas bien.

Baï te passéchas

Va te promener ! Se dit pour expédier un importun.

Las pas boulut roustit, lou mantcharas boulit

Tu ne l'as pas voulu rôti, tu le mangeras bouilli !

Se dit à une personne qui ne veut pas accepter de faire une chose, mais sera obligé de la faire sous une autre forme.

Bou Diou ! Qué des laguis !

Bon Dieu ! Que des histoires, que des contes pour rien !

Sé deman plaou pas fara béou

Si demain il ne pleut pas, il fera beau. Proverbe fataliste digne de Lapalisse. Se dit quand on n'est pas sûr de ce que l'on prévoit.

Aco és un mitan d'haoumé

C'est une moitié d'homme incapable d'assumer son travail.

ADDENDUM

Aganter – Attraper, retenir (si je t'*agante* tu prendras une morfle !) (Elle m'a *aganté,* je ne pouvais plus m'en débarrasser !).

Amoulonner – Froisser (elle *amoulonne* ses couvertures).

Badaïre – Qui bade, regarde la bouche ouverte, l'air étonné.

Banes – Cornes de l'escargot.

Boustifaille – Aliments permettant de faire une bonne « bouffe ».

Cacalasser – Rire en gloussant comme une poule.

Cagne – Paresse, surtout par temps de grosse chaleur.

Cagade – Bêtise, faux-pas.

Calos – Trognon de légume, se dit aussi d'une personne dure en affaires.

Coufiner (se) – Rester chez soi sans vouloir sortir.

Coufir – Conserver (on *coufit* les olives).

Crousti – Gros quignon de pain.

Croustet – Morceau de pain rassi. Se dit aussi d'un vieux garçon ou d'une vieille fille laissé pour compte.

Drindrailler – Marcher de travers sous l'effet de l'alcool.

Embounigou – Nombril (il se prend pour l'*embounigou* du monde) (Se crever l'*embounigou* en portant un poids très lourd).

Emmasquer – Porter malheur, jeter un sort (cette gitane a dû m'*emmasquer*).

Encagnarder (s') – Se mettre au soleil, l'hiver, dans un coin bien à l'abri du vent.

Engargavacher (s') – Avaler de travers, par le « trou du dimanche ».

Encastre – Chose encombrante et gênante (ce buffet est un véritable *encastre*).

Engruner – Emboutir, cabosser (j'ai *engruné* l'aile de ma voiture).

Enquiller (s') – Supporter quelqu'un ou subir une chose qui ne plaît pas.

Ensuquer – Assommer. *S'ensuquer* c'est se donner un violent coup sur la tête et rester abasourdi. Un *ensuqué* est aussi celui qui a l'air mal réveillé.

Escagassé – Très fatigué, sans courage. On dit aussi : tu m'as *escagassé* les orteils en dansant avec moi.

Escranqué – En mauvais état, en partie démoli (cette chaise est *escranquée*).

Espeillé – Vêtu de vêtements décousus ou en loques.

Espousser (s') – Se secouer lorsqu'on est mouillé (ce chien sortant de l'eau secoue ses poils, il s'*espousse*).

Espoussade – Querelle faite de reproches (je lui ai passé une *espoussade* !)

Fantasiéïdouse – Qui est pleine d'envies, de fantaisies et change souvent d'avis.

Fatras – Grand désordre (comment vivre dans un tel fatras !)

Gabel – Sarment de vigne. La braise de *gabels* rend les grillades bien plus savoureuses.

Gargamelle – Gorge (ce café me brûle la *gargamelle* !)

Grounle – Vieille chaussure éculée, pantoufle avachie.

Morfler – Recevoir une gifle. De façon générale, c'est se faire punir (il a *morflé* cinquante lignes !)

Passadille – Vin très fruité et moelleux fait avec des raisins mûris jusqu'à en être ridés.

Passide – Fanée, ridée (cette femme est *passide* pour son âge). Figue *passide* : figue très mûre et presque confite (mais pas séchée) délicieuse fourrée avec des noix. « Manger la figue *passide* » se dit d'une personne qui « zozotte », qui a « un cheveu sur la langue ».

Pétas – Morceau de tissu carré que l'on pose pour cacher l'usure ou les trous, principalement sur les fonds de pantalons.

Pissarade – Emission d'urine très abondante. Grosse pluie (quelle *pissarade !* Il pleut des cordes).

Poutingue – Remède de bonne femme. Se *poutinguer* c'est prendre un peu n'importe quel remède.

Poutou – Baiser rapide sur les joues *(Faï mé un poutou !)*

Raboussier – Se dit de quelqu'un qui prend toujours le contre-pied de ce que l'on dit.

Résì – Petite bête ronde qui borde les yeux des chiens pendant certaine saison. On dit aussi des « plombs ».

Répapier – Perdre le souvenir, confondre les gens et les choses. C'est un des inconvénients du grand âge.

Resse – Scie à bois qui se manie à deux.

Rondiner – Grogner sans arrêt, rouspéter pour n'importe quoi.

Roupille – Objet de peu de valeur, laid ou démodé.

Rouste – Volée de coups.

Sadoul – Ras-le-bol, dirions-nous aujourd'hui (j'ai un *sadoul* de toi !)

Sanquet – Façon d'utiliser le sang d'un poulet avant qu'il ne se caille, en y mettant des lardons frits, de la mie de pain et des herbes de Provence. Délicieux passé à la poêle.

Sartan – Poêle à frire. Tenir la queue de la *sartan,* c'est dans un ménage, avoir la responsabilité du budget.

Simbéou – Taureau guidant les autres ou allant les chercher pour les faire sortir lors de courses de razeteurs.

Tiber – Tendre en tirant dessus pour défroisser, *tiber* les draps de lit pour ne pas avoir à les repasser. Etre bien *tibé,* c'est être habillé de neuf ou être élégant. (Cette femme est toujours bien *tibée !*)

Tabanetcher – Tourner en rond sans avancer dans son travail.

Expression :

« *Boou maï piou-piou qué gade-gade* »

Il vaut mieux quelqu'un qui fait son petit bonhomme de chemin que quelqu'un qui fait grand tapage.

Composé et mis en pages par CES'ART COMPO 30128 GARONS

et achevé d'imprimer
sur les presses de l'Imprimerie Christian LACOUR
à Nîmes (Gard)
en décembre 1994
Dépôt légal 4e trimestre 1994